파룬궁
생체장기적출 주장,

치졸한 국제사기극이다!

파룬궁사이비종교대책위원회

파룬궁 생체 장기 적출 주장!
국제 사기극이다!

초판 1쇄 | 2015년 8월 18일
재판 1쇄 | 2016년 4월 20일

지 은 이 | 파룬궁사이비종교대책위원회
발 행 인 | 오명옥

펴 낸 곳 | 큰샘출판사
등록번호 | 제2014-000051호(1995. 3. 10)
주　　소 | 서울시 영등포구 도신로 244 2층
전　　화 | TEL. 02) 6225-7008
FAX. 02) 6225-7009

국국립중앙도서관 출판예정도서목록(CIP)
파룬궁, 생체장기적출 주장, 치졸한 국제사기극이다!
지은이: 파룬궁사이비종교대책위원회. -- 서울 : 큰샘출판, 2015 p. ; cm

ISBN 978-89-89659-34-1 03200 : ₩4,000

파룬궁[法輪功]
종교 문제[宗敎問題]
342.2-KDC6
322.10951-DDC23　　　　　　CIP 2015021002

파룬궁 생체장기적출 주장, 치졸한 국제 사기극이다!

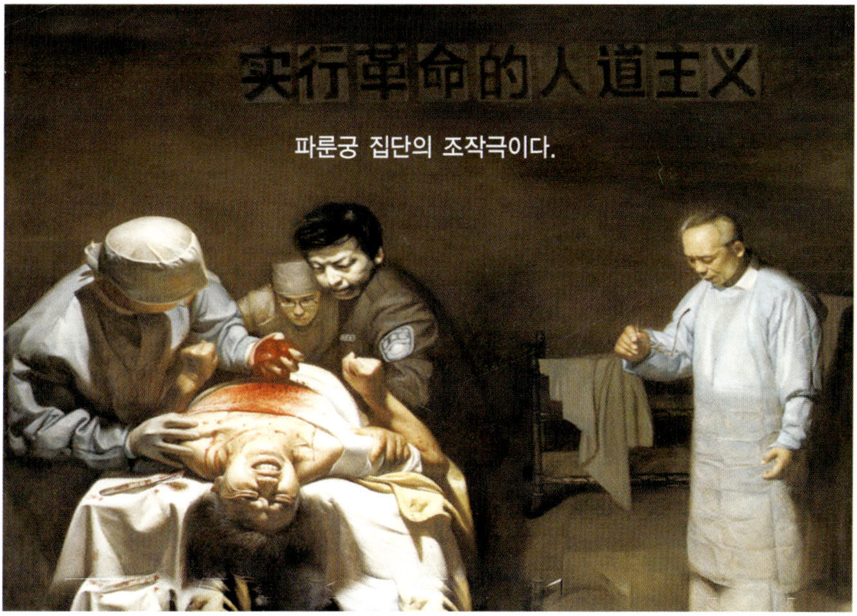

한번 생각해보자. 한 사람이 저서한 책만 보고, 한 사람이 만든 음악만 듣고, 한 사람이 가르친 가르침만 받고, 그 사람의 사진을 수련장 내부 온 벽을 가득 붙여놓고, 그 사람의 사진 앞에서 수련을 한다. 중국 쓰촨성 지진이 있었을 때 그 사람의 법신(法神)이 와서 지켜주었기 때문에 살아났다 하고, 어떠한 어려운 환경가운데서도 그 사람의 법신이 도와주어 그 상황을 모면한다고 한다. 난치병, 불치병 치료는 기본이라 하고, 그 사람이 석가모니, 예수, 공자도 이루지 못한 구원을 완성하고 이룬다고 한다. 그 사람을 믿어야만 세상 종말 때에 살아남는다고 믿고 있다. 그 단체의 예술단 공연 마지막 피날레(finale)는 그 사람의 사진을 부처의 사진과 합성해서 비쳐주며 끝을 맺는다. 그 사람을 불상으로 만들어 주불(主佛)이라 숭배하고 있다.

종교인가? 아닌가?

지나가는 유치원생도 웃을 일이다. 유치하기 그지없는 이런 사이비 종교가 전 세계 곳곳에서 버젓이 활동하고 있다. 그러면서 본인들은 종교가 아니라고 한다. 정상적인 사고를 하고 있는 집단이 아니다. 그 한 사람, 즉 교주가 팥으로 메주를 쑨다 해도 믿고 있는 집단이다.

그 집단이 바로 파룬궁(교주 이홍지) 사이비 종교 집단이다.

서언(序言)

이단 · 사이비 종교는 거짓으로 시작되어 거짓으로 끝나는 것이 특색이다. 그렇다면 왜 거짓말을 할까, 진실을 왜곡하여 기만할 의도가 다분하기 때문이기도 하고, 어떠한 이득을 독점하기 위한 추구의 정도가 강하기 때문에 거짓말을 하기도 한다. 상당수의 거짓말쟁이들은 뇌에서 언어를 구성하는 능력이 다른 능력에 비해 비정상적으로 뛰어나다. 따라서 뇌가 만든 얘기를 판단 과정 없이 내보이기 일쑤다. 뇌에서 논리적 사고를 맡는 '대뇌피질 전두엽 앞 부위'가 사고로 손상되면 거짓말을 거리낌 없이 하고 부도덕하게 된다는 연구 결과도 발표됐다. 거짓말(Lie)은, 엄밀히 말하면 상대방을 속이려는 의도를 가지고 가공(架空)의 사태를 만들어내어 이것을 언어나 표정 등의 수단으로 실감나게 표현, 상대방을 그르치게 하여 어떤 목적을 달성하고 이득을 얻는 행위를 말한다.

전 세계를 상대로 비열한 사기극을 행하고 있는 집단이 있다. 그 집단은 "우리에게는 신앙의 대상이 없다", "우리는 종교가 아니다", "우리는 순수 수련단체이다", "우리의 숫자가 많아지니까 탄압을 하고 있다"라고 속이고, 거짓말을 일삼고 있다. 그들은 현재에도 인터넷 상에서, 거리에서, 책자들을 배포하며 거짓으로 조작된 내용들을 유포하고 있다. 그 집단이 바로 파룬궁 사이비 종교 집단이다. 진실을 알려야 할 언론의 역할이 심히 막중함을 느낀다.

부디 파룬궁에 속지 말라!

지난 8월 3일, 파룬궁 집단이 실시하고 있는 전시회에 참석하였다. 서울 도봉구 도봉구민회관 내 도봉갤러리(1층)에서 파룬궁 사이비종교 측인 한국파룬따파불학회(韓國法輪大法佛學會)가 주최하여 개최된 것이었다. 도봉구민회관 측에 사이비종교인 파룬궁의 사진전이 개최되도록 대관해준 사항에 대해 항의했더니, 담당 공무원이 "원래 그 사람들이 파룬궁이란 이름으로 대관 신청을 해온 것이 아니었다. 나중에야 파룬궁이라는 것을 알고 제재를 했다. 다음부터는 그런 일이 일어나지 않도록 노력하겠다."는 답변을 하였다.

갤러리에 입장하니 한 파룬궁 한국 신도가 다가와 그림들을 설명해준다. 전 세계 순회 전시회라고 한다. 불상에 교주 이홍지의 얼굴을 합성한 그림을 보며, "종교인가요?" 물으니, "아니다. 종교가 아니다. 스승님이다."라고 한다. "그럼 신앙의 대

▲ 파룬궁 사이비 종교 집단에서 교주로 신격화 된 이홍지 주불(主佛)상이다. (필자 주; 불교의 사찰 입구에도 가지 못할 불상이다.)

상이 누구인가?" 물으니, "신앙의 대상은 없다. 다만 우리가 진선인(眞善忍)을 연마하고 있으니 그것을 가르쳐주시는 스승님이 계실 뿐이다."라고 한다. 그러면서 "1992년부터 중국에서 탄압을 하고 있다. 워낙 숫자가 많아지니까 그렇다. 현재도 인권탄압이 심각하다. 지금도 파룬궁 수련생들의 장기를 적출하여 판매하고 있다. 마취도 하지 않고 장기를 적출하고 있다. 진선인을 수련하면 건강이 좋아진다. 나도 심장병, 허리 디스크, 유방암, 자궁 근종에 걸렸는데 깨끗이 나았다. 불치, 난치병이 고쳐진다. 이렇게 좋은 것인데 탄압을 하니까 캐나다의 인권 변호사와 아태 담당 국회의원이 진상 조사를 나왔다. 그들이 자료를 다 수집하여 그들이 직접 병원에 전화해서 알아봤다. "우리는 파룬궁 생도들의 장기를 얻기를 원한다."고 하니 병원 측에서 "우리는 그것들만 취급한다."고 말했다. 한국에서도 기자회견을 한 바 있고, 앞으로 의사들이 서명 운동을 벌일 것이다. 그것을 UN으로 보낼 것이다."라고 밝혔다. 모두

파룬궁 생체장기적출 주장, 치졸한 국제사기극이다!

거짓말이다.

진실이 무엇인지 알고 있는 필자로서는 계속 듣고 있기가 굉장히 불편했다. 항변하고 가르쳐줘야 되겠다는 마음으로 한바퀴 둘러보고는 큰소리로 물었다. "종교이면서 왜 종교가 아니라고 거짓말 하는가? 이렇게 거짓으로 사진 전시회를 개최해도 되는 것인가?" 하니, 급히 필자의 곁으로 와서는 다시 재차 설명하려 든다. 한심하기 짝이 없었다. 이홍지가 주불(主佛)로 그려진 대형 그림 앞에 당당하게 서서, 손바닥으로 얼굴을 탁탁 치며, "이래도 종교가 아니라는 말인가? 불상으로 만들어놓고 그 앞에서 수련하면서 신앙의 대상이 없다고 하는가? 당신들은 상식도 없나? 이렇게도 생각들이 없는가? 이곳을 대관해준 사람이 누구인지 항의해야 되겠다."며 나왔다.

파룬궁 소식지 명혜망(明慧網)에 따르면, 1999년부터 파룬궁 사이비 종교 관련 각종 정기 간행물 출판 수량이, 2000년에는 31기(종)이었고, 2003년은 516기(종)에 달했으며, 2009년에는 10,153기(종)까지 크게 증가했다. 2012년 말에는 총 출판량이 8,016기(종)이었다고 한다. 이뿐만이 아니다. 정기적으로 신운예술단 공연, 사진 전시회 등을 통해 전 세계를 상대로 수많은 거짓 정보를 유포하며 사기극을 벌이고 있는 형국이다.

파룬궁 집단은 생산자는 없고 소비자만 있는 집단으로 보인다. 과연, 그 막대한 자금은 어디에서 나오는 것인가? 신운 예술단[1] 공연으로 막대한 수입을 올리고 있다고 혹자는 말하는데 그런 것 같지도 않다. 2010년 3월, 파룬궁에서 미국 세무국에 제출한 신운 예술단의 재무감사보고서를 보면, 티켓 수입보다 기부금 수입이 더 큰 것을 볼 수 있다. 미국에서 면세 혜택을 보고 있다 하더라도 기부금과 티켓 수입이 지출보다 크지 않은 것을 볼 수 있다.

사이비 종교를 국익을 위해 이용하는 기독교 국가인 미국이 부끄럽다. 미국은 기독교 정신에서 떠났다.

1. 이홍지가 파룬궁을 창시한 이유는 과연 어디에 있었을까?

사이비 종교 파룬궁은 시작부터 문제였다. 건강회복과 질병 치료, 가난에서 벗어날 수 있다는 속임수, 거기에다 초능력을 행사할 수 있고, 현대문명과 과학을 초월한 과대한 신비 선전으로 수많은 사람들을 미혹하면서 시작한 것이다. 이들은 처음

---

1) 신운예술단은 2006년에 설립, 2007년부터 세계 순회공연을 시작했고, 2009년에 신운뉴욕예술단, 신운순회예술단과 신운국제예술단으로 분리됐으며, 예술단 구성원 대부분이 법륜공 신도들, 세계중국무용 대회, 무술 대회, 바이올린 대회, 성악 대회, 피아노 대회 등을 통해 스카우트한 단원들, 파룬궁 측 "비천예술학원" 출신들로 구성되어 있다.

부터 과학 무용론을 주장하였고, 법륜대법만이 지상에서 최고라고 선전하여 국민들의 정서를 흩트려 놓았다. 한 마디로 종교를 이용한 사기 행각을 벌인 것이다. 피해가 발생하니 정부에서도 제재를 가하게 되자, 이홍지는 파룬궁 신도들을 동원하여 언론사, 시청, 성청 등 당과 정부 기관들을 3백여 회 에워싸고 대모를 하였다. 이들은 또 수만여 명을 동원하여 국가 수뇌부인 중남해와 국무원을 에워싸고 시위를 하여 사회 질서를 교란하고 안보에도 악영향을 주었다.

일찌감치 중국 기공 단체들의 문제점들도 드러나기 시작했었다. 수많은 기공사와 기공문파 및 기공 공법들이 신비주의를 내세워 사기 행각을 벌였다. 때로는 사기꾼들이 기공사로 위장하여 특강을 한다면서 1천여 명에서 2천여 명을 모아놓고 특강을 하기도 했고, 유명한 기공 대사가 초청 강사로 오기라도 하면 5천여 명까지 들어갈 수 있는 체육관이 만원일 정도로 사람들이 모여들었다. 1979년도 당시 입장료만도 2원에서 5원, 그러니까 30~70원의 월급을 받던 일반인들에게 적지 않은 돈이었다. 기공사가 1회 특강을 통해 받은 수입은 500~1000원, 일반 시민의 한 달 월급의 30배였다. 세금도 없었다. 이홍지가 활동했던 1995년대에는 기공사 특강 입장료가 10~50원이었고, 7~10일간의 강습료는 200~500원이고, 특별한 강습회인 경우에는 1,500원까지 하였다. 기공사들의 1회 수입금은 5천원부터 수만 원까지 급등한 상태였다. 거기에다 병 진단이라도 한 번 해준다고 하면 보통 100원에서 1000원을 받았다. 기공사와 기공 치료가 제법 쏠쏠한 돈벌이 수단이 되었던 것이다. 그러니까 중국에서 제일 인기 좋은 공무원인 평생 직장도 버리고, 대학교 교수, 의사직도 버리고 전문 기공사로 등장한 사람들이 많았다. 당시 좀 유명하다고 하는 기공사치고 부자가 되지 않은 사람이 없을 정도였다. 한 마디로 무법천지였다.

1970년대 이홍지가 길림성 삼림 경찰 선전대에서 트럼펫을 불던 시절, 군부대의 엄격한 연애 금지 군율을 어기고 어느 여인에게 연애 편지를 썼던 게 나중에 밝혀졌다. 이홍지는 또 파룬궁을 창시한 이후, 자신의 생일을 부처의 탄신일과 맞춰 바꾸기도 했다. 기공 단체들의 무법지대에서 그러한 무법자가 탄생한 것이다. 돈을 벌기 위해서였다.

2. 파룬궁이 종교가 아니다? 종교를 이용한 사기 집단이다.

파룬궁이 종교인 이유는, 우선 민간 종교의 전통을 계승했다고 스스로 말하고 있다. 불교와 도교 및 민간 종교를 비롯하여 무속적 전통을 계승하면서 절충주의적 다신교 신앙, 거기에 기공을 가미한 혼합 종교이다. 그리고 우주의 창조, 인간의 타락,

▲ 1970년대 이홍지가 길림성 삼림경찰 선전대에서 트럼펫을 불던 시절의 모습

구원, 그리고 교주 이홍지의 신통력과 신격화 강조 등을 강조한다. 이홍지가 본인의 저서 전법륜(轉法輪)에서 말하는 불교, 도교, 기독교, 그리고 파룬궁에 대하여 보면, "불교의 부처는 무엇 때문에 층차를 더 제고하기가 그렇게도 어려운가? 그는 모순이 없고, 무엇이나 다 똑똑히 볼 수 있기 때문으로, 그가 어찌 수련하겠는가? 수련하기가 더욱 어렵다.

도교는 사실 존재하지 않는다. 그가 제자를 가르침은 단독 수련이다. 도교를 만들어 제자가 아주 많다 해도 모두 진수를 전해 받는 것은 아니다.

예수는 신도(信徒)를 받아들여 천국으로 가는데, 사람의 신체에 만약 공(功)이 없고 에너지가 없다면 하늘로 올라갈 수 없다. 더욱이 속인 중에서 형성된 나쁜 사상과 몸에 있는 업력은 고층우주특성의 제약을 받게 되는 바, 아주 나쁜 사람은 형신(形神)이 전부 흩어져 아무 것도 없게 되는데, 그것이 될 말인가." 라고 주장한다. 그러므로 공(功)이 없으면 안 된다. 파룬궁 만이 최고층차의 법이고, 파룬궁 만이 지구 종말에 살아남을 유일한 법이라고 주장하고 있다. 혼합종교를 만들어 놓고, 파룬궁이 유일한 구원의 종교라 주장하고 있는 것이다. 이러한 주장은 이홍지가 저서한 法輪功(파룬궁)[2]이란 책자에도 나온다.

2) 法輪功(파룬궁) 제5장 문답풀이에서, "사부님께서는 언제 수련생에게 法輪(파룬)을 넣어주십니까?"라는 질문에 대한 이홍지의 답변: "연공 층차의 높이에 근거하는데, 넣어주는 法輪(파룬)의 크기도 같지 않다. 일부 사람은 공을 연마한 적이 없으나 조절을 거쳤고 근기도 괜찮기에, 나의 이 전수반에서 병을 제거했고, 기를 연마하는 층차를 벗어나 유백체(奶白體) 상태에 들어갔으므로, 역시 法輪(파룬)을 넣어 줄 수 있었다."고 했다. 그리고 이어서 "法輪(파룬)은 어떻게 달게 됩니까?"라는 질문에 "法輪(파룬)을 내보내 당신들의 아랫배 부위에 넣어 주는데, 우리의 이 물질공간에서가 아니라 다른 공간에 있다." 즉, 세상

3. 이홍지는 병에 걸린 자신의 매부에게 병원에 가기를 권유했다.

신도들에게는 난치병, 불치병에 걸려도 병원에 갈 필요 없다, 약도 먹을 필요 없다, 파룬궁 수련을 하면 다 낫는다고 주장했다. 그러나 교주 이홍지는 지난 2009년경, 법륜공의 중견 간부로 '대기원' 뉴스그룹 부총재였던 매부 이계광(李继光)이 신장병과 심장병을 앓게 되자 이홍지 본인이 승인하여 미국 뉴욕의 모 병원에 입원치료를 받게 했다고 한다. 결국 2012년 5월경 사망하였다.

2009년, 일본 파룬궁 핵심 인물[3]이 사망했는데 파룬궁 측에서는 그의 장례식도 치러주지 않았다고 한다. 그의 부인은 남편이 7일 후 부활될 거라며 발정념(사악 전멸법)을 시행했으나 허사였다.

4. 세상 종말이 곧 온다면서 정작 이홍지 자신은 호화생활

"곧 세상 종말이 온다. 그 때에는 파룬궁 신도들만 살아남아 천국에 갈 것이다."라고 주장하면서, 정작 교주 이홍지 본인과 그의 가족은 미국에 7채의 대저택을 소유하고 있는 갑부이다.

李洪志家族在美国房产统计表

序号	产权登记人	地址	市场评估价（万美元）	面积（平方英尺）
1	李洪志	13608 59th Ave Flushing, NY 11355 纽约皇后区法拉盛59大道13608号	61.5	1428
2	李洪志	27 Drinking Brook Rd Monmouth Jct, NJ 08852 新泽西州米德塞克斯县南部伦克镇饮水溪路27号	103	4297
3	李洪志	103 Eagan Ave Staten Island, NY 10312-4103 纽约史泰登岛伊嘎大道103号	40.28	1854
4	李洪志	140 Galley Hill Rd，Cuddebackville,NY 12729 纽约州奥兰治县鹿苑镇盖雷山路140号140号	49.02	135036
5	李洪志	10515 66th Rd APT 2F Forest Hills,NY 11375 纽约皇后区66大道10515号2F公寓（森林山社区）	23.22	750
6	李 瑞	9 Hunter Rd Woodcliff Lake,NJ 97677-8100 新泽西州贝根县伍德克利夫镇亨特路9号	223	7286
7	李继光	80 Cornell Ave Hawthorne, NJ 07506 新泽西州霍桑市（帕塞伊克镇）康奈尔大道80号	44.2	2038
合计			544.32	152689

▲ 파룬궁 교주 이홍지, 미국에 7채의 저택 소유 주소, 호화생활

을 움직이는 것이 法輪(파룬)인데 이것이 이홍지에게서 나오는 것으로 이 法輪(파룬)을 받으면 과학을 초월하고, 세상 만사를 다스릴 수 있는 고층차의 위치에 들어가게 된다는 것이다. 곧 이홍지가 자칭 신(神)이라는 주장이다.

3) 일본 대기원시보의 주필이며 일본 법륜공사이트 책임자인 사토 고우가 지난 2009년 7월 20일 사망했다. 조작된 소가둔병원 사건을 열심히 퍼트린 인물이다. 그가 사망하자 그의 부인 초신력(肖辛力)은 파룬궁의 "발정념"이란 괴이한 방식으로 사토 고우를 7일 후 부활시키려 시도했다고 한다. 사토 고우가 죽은 후 파룬궁은 공식 장례식도 치르지 않았다.

파룬궁 생체장기적출 주장, 치졸한 국제사기극이다!

본론(本論)

본론으로 들어가보자. 현재까지도 국내에서 활동하고 있는 파룬궁 신도들은 중국에서 생체 장기적출이 일어나고 있다며 악소문을 퍼트리고 있다. 그들은 매 행사 때마다 차마 눈 뜨고는 볼 수 없는 잔인한 그림들과 사진들을 들고 나와 사람들의 이목을 끌려고 한다. 그런데 그것이 모두 거짓으로 조작된 것들이다. 파룬궁 사이비 종교 집단은 전 세계를 대상으로 사기극을 벌이고 있는 것이다. 인권 주장은 파룬궁 교주 이홍지 자신부터 신도들에게 진정한 인권을 되돌려주어야 할 것이다. 다음의 사실에서 그들이 어떻게 사기극을 벌이고 있는지 알 수 있다.

(中国語 原创)

关于“苏家屯集中营事件”的情况介绍

2006年3月份，境外“法轮功”邪教组织蓄意炮制了“苏家屯集中营事件”，并在境外通过所掌控的媒体进行大肆炒作，同时还组织一些人员在中国驻外使领馆门前持续不断地进行“抗议”活动，在境内外掀起一场轩然大波。后经中国政府召开新闻发布会，境外多家媒体、政要和驻中国使领馆人员先后到苏家屯血栓医院进行明查暗访，澄清了事件真相。

一 境外“法轮功”网站编造和炒作“苏家屯集中营事件”的情况

2006年3月8日，境外“法轮功”组织在其“明慧网”登载了题为“苏家屯秘密集中营”的文章：3月9日，《大纪元》网站也登在了题为“沈阳集中营设焚尸炉，售法轮功学员器官”的文章。两篇文章宣称：沈阳苏家屯地区“秘密集中营”关押着6000多名“法轮功”学员，东北三省及中部地区的“法轮功”学员正被移送到那里。“集中营”内有“焚尸炉”，还有大量医生，“凡进到这里的人没有活着出来的，焚尸前内脏器官都被掏空出售”。

这两篇文章刊出后，境外“法轮功”网站进行了大肆炒作，相继登载了大量评论文章，“明慧网”、《大纪元》网站先后登载了600余篇文章，受此影响，自3月10日起，国外“法轮功”人员陆续到中国驻美国、英国、加拿大、荷兰、奥地利使领馆门前“讲真相”，表示“抗议”。辽宁省内部分党政机关、司法机关、大专院校和居民陆续接到大量的来自境外的骚扰电话，以及有关此“事件”的境外传真。省内“法轮功”人员对这一“事件”也进行了大肆渲染，散发、张贴关于这一“事件”的小册子、传单和标语。

二 中国政府召开新闻发布会澄清事实的情况

中国政府对境外炒作“苏家屯集中营”事件高度重视，为了澄清事实真相，4月12日上午10时，国务院新闻办公室在新闻大厅主持召开新闻发布会。美国CNN、美联社、华盛顿邮报，英国路透社，日本朝日新闻，新加坡联合早报，香港凤凰卫视，新华社，中新社，中国日报，中国国际广播电台等11家境内外主流媒体的记者参加新闻发布会。苏家屯区副区长郑滨和血栓医院副院长张玉琴分别向记者介绍了苏家屯和血栓医院的有关情况，并对境外“法轮功”媒体捏造和炒作“苏家屯集中营”的谣言进行了反驳和谴责，并接受了记者们的采访，对境内外记者提出的9个问题作了实事求是的回答。新闻发布会持续了一个小时。之后，境外6家媒体对这次新闻发布会作了客观公正的报道，境内新闻媒体也向海外作了报道。

三 境内外媒体 政要和驻中国使领馆人员明查暗访的情况

“苏家屯集中营”事件的谣传也引起了境内外一些媒体的关注。自3月17日至4月11日，先后有中新社、日本NHK、香港凤凰卫视的记者分三批次到苏家屯进行了采访，除日本NHK采访后未作报道外，香港凤凰卫视和中新社先后对“苏家屯集中营”进行了否定性的报道。

美国政府对此也十分关注，指令美国驻中国领事馆官员到苏家屯血栓医院进行考察。3月22日，美国驻沈阳领事馆官员柯道磊和一名翻译以私人身份到苏家屯血栓医院参观，血栓医院的负责人带他参观了医院并介绍了有关情况，事后，柯道磊向美国国内发回了“苏家屯血栓医院的功能只是一家医院”的报告。4月 14日，美国驻中国总领事馆一名一等秘书和一名卫生官员，在驻沈阳领事馆领事陪同下，以正式官员身份考察了苏家屯血栓医院。之后，美国白宫新闻发言人说，"苏家屯集中营没有事实依据"。

8月3日下午，由台湾现任国民党副主席张仁香领队的参访团一行26人（其中有国民党籍现任"立委"16人），以参观途中顺访的形式参观了苏家屯血栓医院。苏家屯血栓医院领导张旭、张玉琴接待了参访团，向参访团介绍了医院概况、医院科研成果以及接待和治疗外国友人等简要情况，并现地察看了被炒作的所谓"焚尸炉"和"关押6000名法轮功人员的场所"的锅炉房、住院部、向该团澄清事实。

至此，境外"法轮功"组织不再单独提及"苏家屯集中营事件"，其高层内部也有所反思，认为这步棋走错了，讨了个没趣儿。一些国家政府和一些不明真相的各界人士，对"法轮功"媒体有了进一步的认识和警觉。国内群众通过此"事件"，对"法轮功"的邪恶本质更加深恶痛绝，表示一定要远离邪教"法轮功"。

(한국어 번역본)

소가둔 수용소 사건에 관한 개요

2006년 3월에 해외 "파룬궁" 사이비 종교 집단은 일부러 심양 "소가둔 수용소 사건"을 만들었으며 해외에서 조종하고 있는 매체들을 통해 그 사건에 대해 과대 보도할 뿐더러 사람을 모아 해외에 주재 중국 대사관 앞에서 계속 항의 시위를 벌였으니 세계에서 나쁜 영향을 많이 끼쳤다. 그 후에 중국 정부에서 뉴스 브리핑을 열어서 해외 매체 정계 요인과 중국에 주재 외국 대사관 장관들은 차례로 소가둔 혈전병원에 가서 현지 조사하고 나서 사실 진상을 분명하게 밝혔다.

1. 해외 "파룬궁" 사이트에 꾸며낸 "소가둔 수용소 사건"에 관한 개요

2006년 3월 8일에 해외 "파룬궁" 조직은 자기들이 조종하는 명혜 사이트에서 소가둔 비밀 수용소를 제목으로 한 기사를 등재했다. 3월 9일에 대기원 사이트에서도 심양 수용소에서 사체 소각로 설치하고 "파룬궁" 수련자의 신체

기관을 판매한다는 제목으로 게재했다. 그 두 편의 기사가 "심양 소가둔지역 비밀 수용소에서 6000여 명 "파룬궁" 수련자를 수감하고 중국 동북 삼성 및 중부지역에 있는 "파룬궁 수련자를 그 수용소까지 이송하고 있다."라고 발표했다. 그리고 "그 수용소에 사체 소각로가 있고 의사들도 많이 있을 뿐만 아니라 거기에 들어간 사람들이 다 사는 채로 나갈 수 없고 사체를 불태우기 전에 내장 기관들은 다 팔아버렸다."라고도 기사에서 밝혔다.

두 편의 기사를 게재한 후에 해외 "파룬궁" 조직은 명혜 사이트와 대기원 사이트를 비롯한 "파룬궁"에 관련 사이트에서 과대 보도했는데 약 600여 편의 기사를 게재했다. 그런 소문을 들었기 때문에 3월 10일부터 해외 "파룬궁" 수련자들은 미국, 영국, 캐나다, 네덜란드, 오스트리아에 주재 중국대사관 앞에서 이른바 허위 사실을 말했고 항의 시위를 했다. 뿐만 아니라 요녕성 정부기관, 사법기관, 대학교 및 일반 시민들이 "해외" 파룬궁 조직에서 온 수많은 교란 전화를 받았으며 요녕성에 있는 "파룬궁" 조직은 팸플렛 홍보 전단 및 플래카드를 통해 그 사건에 대해 과대 선전전을 펼쳤다.

2. 중국 정부에서 뉴스 브리핑을 열어서 사실을 분명하게 밝힌 개요

중국 정부에서 해외 "파룬궁" 조직은 "소가둔 수용소 사건"에 대해 과대 보도하는 것을 심각한 문제로 본다. 4월 1일 오전 10시에 사실을 분명하게 밝히기 위해 중국 국무원 신문 회의실에서 뉴스 브리핑을 했는데 미국 CNN, 미연사, 워싱턴포스트지, 영국 로이터, 일본 조일신문, 싱가포르 연합조보, 홍콩 봉황위성 TV, 신화사, 중신사, 중국일보 및 중국 국제라디오 등 11개 국내외 핵심 매체들의 기자들이 참가했다.

그 중에 심양 소가둔구 정빈 부국장과 혈전병원 장옥금 부원장이 각각 기자들에게 소가둔 지역과 혈전병원에 대해 발표했고, 해외 "파룬궁"이 그런 유언비어를 날조하는 행위를 비판했다. 그리고 그 발표한 두 분이 기자 인터뷰에서 제기한 9개 문제를 다 솔직히 대답했다. 이번 기자 회견은 약 1시간이 걸렸다. 그 후에 해외 6개 매체는 그 사건과 관련 뉴스 브리핑을 객관, 공정한 보도를 했고, 중국 국내 매체도 보도했다.

3. 해외 매체, 정계 요인 및 중국 주재 각국 대사관 요원들 현지 조사 결과

"소가둔 수용소 사건"에 관한 소문이 나서 국내외 매체들은 높은 관심을 일으켰다. 3월 17일부터 4월 11일까지 중신사, 일본 NHK 및 홍콩 봉황위성 TV 기자들은 차례로 소가둔 지역에 가서 인터뷰를 했으며 일본 NHK만 인터뷰 하고 나서 보도하지 않았는데 나머지 홍콩 봉황위성 TV 및 중신사 두 매체는 그 사건에 대해 부정적인 보도를 했다. 미국 정부에서도 그 사건에 대한 관심을 많이 가지고 있으니 중국 주재 미국 영사관 장관들 보고 소가둔 혈전병원에 직접 가서 현지 조사하라고 명령을 내렸다.

3월 22일에 심양 미국 영사관 가도쾌 장관과 통역 한 명은 같이 개인 신분으로 소가둔 혈전병원에 가서 참관했으며 병원 책임자한테 병원에 관련 현황 소개도 들었다. 방문한 후에 가도쾌 장관이 "소가둔 혈전병원은 그냥 단순한 병원이다."라는 보고서를 미국 정부에 보냈다.

4월 14일에 미국 영사관 영사, 일등 비서와 위생 요원이 공식적인 정부 신분으로 다시 그 병원을 방문한 후에 미국 정부 신문 대변인이 "소가둔 수용소 사건은 사실적인 증거가 없다."라고 밝혔다.

8월 3일, 오후에 대만 국민당 장인향 부주석 일행 26명은 고찰하는 길에 잠깐 들렀다는 이유로 그 소가둔 혈전병원을 방문했다. 병원 고위층 지도자인 장옥과 장옥금이 나와서 접대하면서 병원 현황, 병원 기술 연구 성과 및 외국인 치료 현황 등도 소개했을 뿐만 아니라 대표단을 모셔서 이른 바 사체 소각로와 6000명 "파룬궁" 연습자를 수감하고 있는 장소란 보일러실과 입원 접수처도 현지 조사했기 때문에 사실을 분명하게 밝혔다. 일이 이미 이런 상태에 이르렀으니 해외 "파룬궁" 조직 고위층 지도자들이 반성하는 바 고생을 사서 하는 것이라고 여기고 있어서 "소가둔 수용소 사건"을 더 이상 언급하지도 않았다. 그 일을 통해 세계 국가들과 진상을 모르는 각계 인사들은 "파룬궁"과 관련 매체에 대해 더욱 인식을 심각하게 여기고 중국 국민들도 "파룬궁" 조직의 사악한 본질을 더욱 극히 미워하고 "파룬궁" 사이비 종교를 멀리 떠나야 한다는 태도를 표했다.

소가둔 사건 거짓 증인들의 실체

▲ 우측 여인이 Annie이다. 파룬궁 집단에 매수되어 거짓 기자회견을 하였다.

① **Annie(전 남편이 이 병원 뇌외과 의사였다고 한다. 2001년부터 눈 각막 적출 수술을 했다고 했는데 뇌외과 의사가 눈 각막 적출 수술을 한다는 것은 불가능한 일이다.)는 캐나다 국적으로 본명이 안나 루이스, 50세,** 젊은 시절 바댄서로 일했고 캐나다 오타와 신아주광장 주변에 살고 있다. 파룬궁 집단에 매수되어 허위 사실을 유포한 것이다.

② **Peter는 재미 중국인으로 본명은 존 카터, 44세,** 실업자로 원래 샌프란시스코의 모 교회에 근무하다 도둑질로 해고당했다. 이른 바 '소가둔 수용소 사건'에 증인이 필요했으므로 파룬궁에 매수됐다.

③ **킬구어(전 캐나다 국회의원)와 마타스(캐나다 변호사)**, 병원에 대한 분쟁이 파룬궁 측 신문인 '대기원시보'에 실린 후 '파룬궁 피해자진상조사 연합 조사팀'이라는 조직이 형성되었는데, 킬구어와 마타스에게 이 사건을 독립 조사하고 증거를 입수할 것을 요구했다.

그러나 킬구어와 마타스는 소가둔을 방문한 적이 한 번도 없고 중국의 기타 어느 지역도 방문한 적이 없다. 그런데도 2006년 7월, 그들의 첫 보고가 발표되었다. 그들은 "중국이 파룬궁 수련자들의 몸에서 장기를 대규모로 강제 적

파룬궁 생체장기적출 주장, 치졸한 국제사기극이다!

▲ 킬구어와 마타스, 이들은 소가둔 혈전병원에 한 번도 방문해보지도 않고, 다만 Annie의 말만 믿고, 날조된 거짓 정보를 유포하였다. Annie와 함께 파룬궁 집단에 매수된 사람들이다.

출한다"고 지적했다. '안니'의 말이 신빙성이 있으며, 그녀의 증언은 "그녀의 진술과 일치한 기타 증거"에 기초한 것들이라고 했다. 파룬궁 측에서는 '안니'의 말을 듣고 난 후에야 그들에게 독립 조사를 요청했다고 한다. 외과 의사였다는 남편이 각막 적출 수술을 했다는 얼토당토 않은 주장을 한 여자의 말만 듣고 거짓으로 조작극을 꾸민 것이다. 그들은 실증할 수 있는 관련 기록도 없으며, 구체적인 증거자료도 가지고 있지 않았다. 다만, 파룬궁 측에 매수되어 충견(忠犬)처럼 이용당한 것이다.

미국 국무원 파룬궁의 '생체 장기 적출' 요언 반박

2006년 4월 14일, 미국 국무원 대변인 Sean McCormack은 요원을 현지에 파견하여 조사한 결과 미국은 파룬궁의 '생체 장기 적출' 공소를 지지할 만한 그 어떤 단서도 발견하지 못했다고 밝혔다.

2006년 4월 16일, 미국 국무원 국제공보처(IIP) 공식 사이트에 〈미국 국무원 중국 파룬궁문제에 대해 언급〉이란 기사가 게재됐다.

기사는 "중국 동북 모 지방에 강제 수용소가 있는데 파룬궁 신도들을 가둬놓고 그들의 인체에서 생체로 장기를 적출한다는 보도와 관련, 미국 측에서 현지에 요원을 파견하여 조사한 결과, 상술 내용을 지지할 만한 아무런 단서도 발견하지 못했다.", "북경주재 미국 대사관과 심양주재 영사관 관원이 2회에 걸쳐 현지와 특정 장소를 방문했다. 현지 방문 기간에 모든 시설과 장소에 출입할 수 있는 허가를 받았으며 보통 공공병원 기능 외에 다른 용도로 사용되고 있음을 증명할 수 있는 아무런 증거도 발견하지 못했다."고 전했다.

미국 국무원에서 이런 성명을 발표하게 된 이유는 무엇인가?

2006년 3월 9일, 파룬궁의 대기원사이트에 "심양 강제 수용소에 시신 소각로를 설치해놓고 파룬궁 신도들의 장기를 판매한다."는 기사가 실렸다. 그후 한동안 파룬궁은 '소가둔 강제 수용소'를 둘러싸고 제멋대로 떠들며 일부 국가의 정계 인사들을 대상으로 대대적인 홍보를 하는가 하면, 시위를 벌였다. 거짓이 너무 어처구니 없어 나온 즉시 숱한 네티즌들의 질타를 받았다. 그러자 파룬궁은 어투를 바꿔 이른 바 '강제 수용소'의 모자를 중국 요녕성 심양시 소가둔구에 자리잡은 요녕성 혈전병중서의결합 의료센터(소가둔 혈전병원이라 약칭)에 덮어씌우고 인터넷에 이 병원 사진과 병원 내의 '시신 소각로'(사실은 보일러실이다.)의 사진을 올렸다.

파룬궁이 날조한 사건에 대해 중국 관련 부처에서도 수차 반박하고 견책했다. 3월 31일, 사건의 직접 피해자인 요녕성 혈전병중서의결합 의료센터는 센터 공식 사이트인 '중국 혈전병 연구'에서 공개적으로 요언을 반박하고 사실을 밝혔다. 사실 이 병원은 시내 번화가에 자리잡았고 중국의 병원 분류 체계에서 2급 갑류에 속하는 병원이기 때문에 의료 수단이나 설비 수준, 의사의 권한 등 여러 면에서 '인체 장기를 적출'할 수 있는 능력을 갖추지 못했다. 병원에 토탈 300여 개의 침대뿐이어서 6,000여 명 수용은 전혀 불가능하다. 소위 '시신 소각로'란 병원의 보통 보일러실이었다. 4월 4일, 중국 외교부 대변인은 미국 AP통신사 기자의 물음에 응답하면서 파룬궁의 요언을 논박했다. 4월 12일, 소가둔구 정부와 요녕성 혈전병중서의결합 의료센터는 중국 국무원 언론 사무실에서 기자회견을 갖고 재차 요언을 날조하는 파룬궁의 비열한 행위를 견책했다.

해외 언론들, 파룬궁 생체장기적출 주장에 거짓 날조다 반박!

파룬궁의 유언비어가 퍼진 후 많은 중외 매체들에서 소가둔을 현지 취재했다. 2006년 3월 24일, 중신사에서 소가둔구와 요녕성 혈전병중서의결합 의료센터를 현지 취재했고, 3월 31일, 일본 NHK, 홍콩 봉황유선 TV, 홍콩대공보에서도 이 병원을 현지 취재했다. 봉황유선 TV는 파룬궁에서 말한 비밀 수용소란 아예 존재하지도 않는다고 밝혔다. 4월 12일 국무원 언론 사무실이 주최한 기자회견에서 CNN, 워싱턴포스트, 미

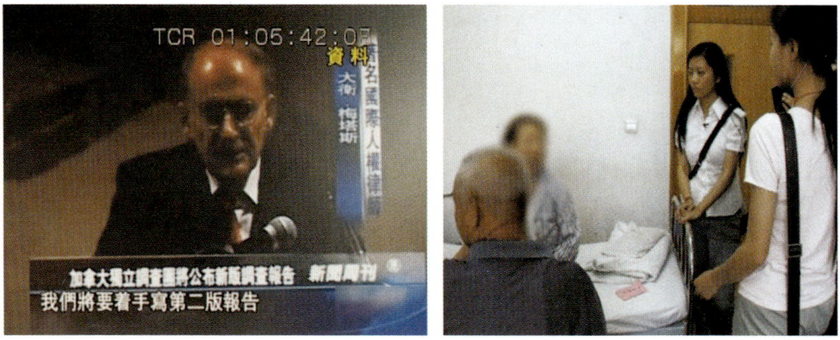

▲ 킬구어와 마타스의 나라인 캐나다와 미국, 일본, 대만, 우크라이나... 등 세계 언론들은 파룬궁 집단의 거짓 날조된 주장을 적극적으로 반박하며 진실을 알렸다. 이들은 직접 병원을 방문, 조사하여 생체장기적출을 하지 않는다는 분명한 사실을 발견하였다.

국 AP통신사, 로이터 통신사, 싱가포르 연합조보, 홍콩 봉황위성TV, 일본 아사히 신문사를 포함한 11개 중외 주류 매체들이 현장 취재를 진행했고 그들은 모두 소가둔구 정부와 요녕성 혈전병중서결합 의료센터에서 사실로 파룬궁의 요언을 반박했다는 소식을 전했다. 로이터 통신사는 “중국에서 파룬궁의 이른 바 ‘수용소’ 관련 보도를 견책”이라는 제목으로 전했다. 그리고 2007년, 캐나다 조사단의 조사 결과도 “소가둔 혈전병원에서는 장기적출수술 기술이 없다.”고 발표했다. 2007년 6월 8일, 홍콩 위성TV 기자들 5명이 방문하여 파룬궁 집단의 거짓 날조 내용 관련 취재 보도하였다.

소가둔 강제수용소란 아예 없다! 소가둔 혈전병원일 뿐이다!

파룬궁 집단에서 주장하는 소가둔 강제수용소는 없다. 소가둔 혈전병원만 있을 뿐이다. 그들이 거짓으로 주장했던 시체 소각 장소라는 곳도 없다. 단지 보일러실만 있을 뿐이다. 주중 미국대사관 관원도 2회에 걸쳐 소가둔구를 현지 방문했다. 3월 22일, 심양주재 영사관 관원은 요녕성 소가둔 혈전병의원을 상세하게 둘러보고 병원 환경과 의료 시설에 찬사를 보냈고 돌아간 후 국내 친구들에게 병원 상황을 소개하겠다고 말했다. 그후 미국 AP통신사에서 이 사건과 관련하여 주중 미국대사관을 취재, 주중 미국대사관 여성 대변인은 “현재까지 우리가 입수한 정황에 따르면 이 병원의 기능은 병원일 따름이다.”고 밝혔다. 4월 14일, 심양주재 미국영사관 총영사 강대위와 주중 대사관 관원 2명 등이 의료 센터를 재방문했고 병원의 약리 실험실, 수술실, 식당, 창고, 주차장, 쓰레기장, 보일러실, 굴뚝, 당안실 등 모든 시설을 3시간 반 동안이나 상세하게 둘러보고 또 주변 주민생활 구역도 둘러봤다. 4월 14일, 미국 국무원은 두 번에 걸친 조사 결과를 발표했다.

오히려 이 사건으로 말미암아 소가둔 혈전병원은 더욱 유명해져 전 세계 곳곳에서 환자들이 모여들었다고 한다.

(중국 현지 취재)

과거, 그리고 현재 소가둔 혈전병원은...

극히 정상적인 병원이다.

특히 이 병원은 1997년 6월, 한국의 한방병원과도 협력 관계를 맺고, 앞으로 16년 동안 상호 우호 협력 및 학술 교류도 하기로 하였다.

병원은 교통이 편리한 번화가에 자리잡고 있다. 자전거, 행인이 쉴 새 없이 다니고, 누구든지 보행으로 큰 길을 건너 병원을 드나들 수 있었다.

병원은 심양시 도심에서 승용차로 약 30분 거리에 위치하고 있다. 심양은 인구가 700만이 넘는 공업화된 대도시다. 오고 가는 사람들로 매우 번잡한 번화가에 있는 병원이기에 질서정연하게 2000명이나 멸절시킨다는 건 불가능하다.

현지 취재한 날, 병원의 다수 병실은 환자들로 가득 차 있었다. 환자들이 휠체어를 타고 유유히 산책을 하는가 하면, 장기간 입원 환자들과 보호자들의 빨래도 널려 있는 것을 보았다. 그들은 대부분 중풍이나 혈액병 등 전문병 치료를 받고 있었다. 병원의 행정 인원 몇 명과 통역원과 함께 병원을 둘러봤다.

병원은 컴퓨터 단층 촬영기와 핵자기공명 영상 장치 그리고 전통 한약에 기초한 대형 약초 가공 기계들을 많이 사용하고 있었다. 건물 로비에 있는 원무과 테이블이 가장 분망한 곳이라 수십 명의 환자와 가족이 병원비를 지불하려고 줄지어 서서 기다리고 있었다.

파룬궁 집단에서 조작하여 주장하고 있는 화장터로 쓸 만한 시체 소각로(?, 실제로는 보일러실)는 환히 내다보였고 창문 하나씩은 병원 본관을 향한 사합원(四合院)에 위치했다. 병원 본관의 3면이 사합원을 향했고 임의의 병실에서 보일러실이 환히 내려다 보였다. 2000여 구의 시신을 감쪽같이 건물 안으로 이동한다는 건 거의 불가능하다. 환자들이 보거나 거리 맞은 편의 고층 아파트에서도 사합원이 바로 내려다 보여 그 아파트에 사는 주민들이 빤히 내려다 볼 수 있는 곳이다. 보일러실 안에 들어가 봤더니 몇몇의 인부들이 땀을 뻘뻘 흘리며 열심히 일을 하고 있었고, 조작 사건 당시 부리나케 울려댔던 낡은 전화기도 그대로 놓여져 있었다.

약 200평 규모의 보일러실은 석탄과 뜨거운 보일러통으로 몇 발자국만 움직여도

땀이 날 정도로, 더운 여름에도 아랑곳없이 환자들의 안위를 위해 가동되고 있었다.

파룬궁 집단은 이들에게 미안해해야 한다. 사시사철 제대로 가동되지 않으면 환자들의 안위에 위험이 초래될 수도 있는 참으로 귀중한 보일러실! 그곳에서 묵묵히 지금 이 시간에도 땀 흘리는 인부들!

그러한 곳을 두고 생체장기적출을 했다! 저기 길고 긴 굴뚝을 보라! 6천여 명의 시신을 태운 곳이다?

얼마만큼 더 잔인해져야 만족할 것인가? 지금까지만 해도 충분히 최악의 저질 악행은 행하고도 남음이 있다.

그렇게 많은 시신을 소각한다는 것도 간단한 일이 아니다. 전통적 시체 소각로의 온도는 화씨 1600~2000˚(도)인데 시신 하나 소각하는데 2~3시간이 소요되며, 그리고 그렇게 해도 시신을 완전히 잿가루로 만들지도 못한다.

소각로의 온도가 보통 시체 소각로보다 높다 할지라도 허벅지 뼈, 발가락, 골반, 두개골은 완전히 잿가루로 만들지는 못한다.

결언(結言)

파룬궁 집단에서 생체장기적출 수술을 하고 있다고 주장한 소가둔 강제수용소는 사실은 소가둔 혈전병원으로, 전적으로 파룬궁 집단의 조작극이다. 파룬궁 사이비 종교 집단은 중국 이미지에 타격을 주기 위해 계획적으로 사기극을 꾸민 것이다. 다음은 파룬궁 집단에서 강제수용소라고 했던 혈전병원의 참 모습이다.

▲ 중국 요녕성 심양시 소가둔구에 자리잡은 소가둔 혈전병원(중서의원종합 의료센터이다)

▲ 사진 설명
① 소가둔 혈전병원 보일러실 전경
② 보일러실 내부
③ 보일러와 석탄통 겉 표면
④ 2006년 3월, 사건 당시 부리나케 울려댔던 낡은 전화기는 아직도 그 자리에 있었다.

파룬궁 생체장기적출 주장, 치졸한 국제사기극이다!

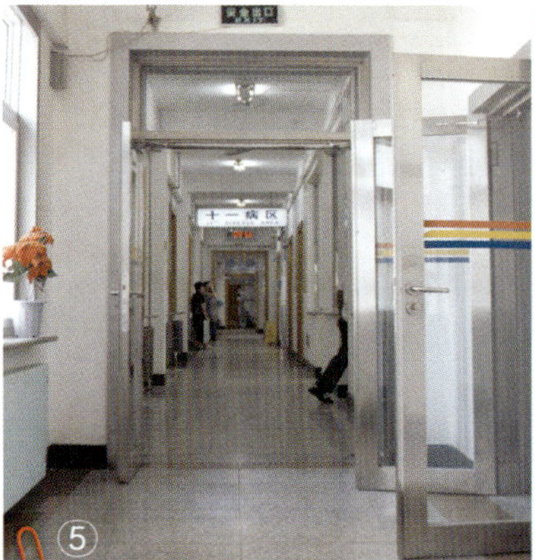

⑤

⑥

⑦

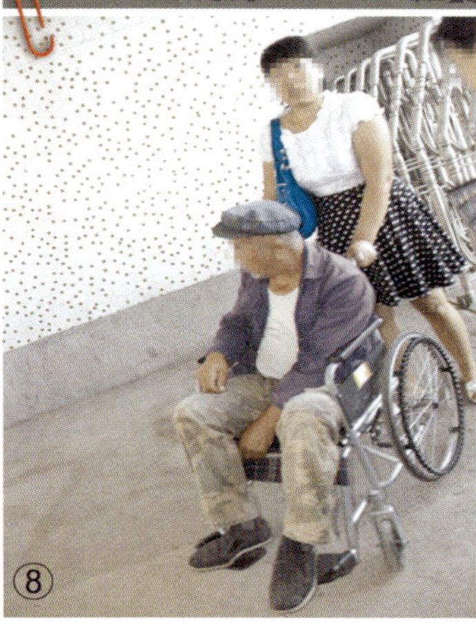
⑧

⑨

▲ 소가둔 혈전병원은 23차례 모범 표창장을 받았다.
⑤ 병원 입원실 복도 광경
⑥ 모범 표창을 23번 받은 모범 병원이다.
⑦ 병원 직원들과 환우들 간 문화생활
⑧ 보호자와 함께 산책하고 있는 환우
⑨ 장기 입원 환자들과 보호자들이 편하게 널어놓은 빨래들

가슴이 아프다. 현 21C 이 지구상에서, 멀쩡한 사람의 입에서, 생체장기적출이라는 단어가, 악랄한 종교 사기 집단의 조작된 거짓말이, 아무렇지도 않게, 너무나 자연스럽게 흘러나오는 것이, 가슴이 아프다. 종교와 진리

파룬궁사이비종교대책위원회